Benedikt Stattler

Kurzer Entwurf der unausstehlichen Ungereimtheiten der Kantischen Philosophie

Benedikt Stattler

Kurzer Entwurf der unausstehlichen Ungereimtheiten der Kantischen Philosophie

ISBN/EAN: 9783743480124

Hergestellt in Europa, USA, Kanada, Australien, Japan

Cover: Foto ©ninafisch / pixelio.de

Weitere Bücher finden Sie auf **www.hansebooks.com**

Kurzer Entwurf

der

unausstehlichen Ungereimtheiten

der

Kantischen Philosophie,

sammt dem Seichtdenken so mancher gutmüthigen Hochschätzer derselben.

Hell aufgedecket für jeden gesunden Menschenverstand, und noch mehr für jede auch nur Anfänger im ordentlichen Selbstdenken.

Von

Benedikt Stattler,

der Gottesgelehrtheit Doktorn, und kurpfalzbaier. wirkl. geistl. und frequentir. Censurrath, auch fürstl. Eichstädt. wirkl. geistl. Rath.

München,
bey Joseph Lindauer.
1791.

Nro. 1148.

Kurzer Entwurf der unausstehlichen Ungereimtheiten der Kantischen Philosophie.

Imprimatur.

München im kurfürstl. Bücher-
Censur-Collegium den 6ten
July 1791.

Sigmund Graf Spreti.
Präsident.

Regiſtr. fol. 160.

F. X. Graff,
C. R. und Sekret.

Das von einem bekannten Klubbe gedungene Geschrey gewisser Recensenten; die bösen Ränke dieses gegen die Religion und Staaten verschworenen Klubbes selbst, durch welche sie nur die diesen gefährlichen Schriften allein im vollen Gange zu bringen sich beeifern; die für gemeine Denker meist undurchdringlichen Finsternisse der Kantischen Philosophie, und endlich die schwache Eitelkeit mancher seichtdenkenden Gelehrten und Lehrer, welche dadurch den Ruhm des Tiefdenkens bey noch schwächern Köpfen zu erhaschen hoffen; diese sind gewiß die alleinigen und eigentlichen Triebfedern, welche die sich so hart bewegende Maschine der Kantischen Vernunftkritik noch in einigem Gange erhalten. Einmal ohne diese unnatürliche Triebfedern müßte bey der ersten Uebersicht der unausstehlichen Ungereimtheiten der Kantischen Hauptlehrsätze jeder gesunde Menschenverstand sich entrüsten, ein jeder Anfänger der Logik und des ordentlichen Selbstdenkens müßte den Ungrund und Unzusammenhang der rohen Masse dieses vorgeblichen Systemes bemerken; und ein jedes noch gutes Herz müßte vor den in demselben frey behaupteten ärgerlichsten Sätzen zurückbeben. Aber diese und alle dergleichen auf den Umsturz aller, auch wie immer geringen, Ueberbleibseln der Religion und guten Sitten abzielenden Lehrsätze nur recht allgemein zu verbreiten, ist die sichere Absicht jenes alles Fluches würdigen Klubbes und aller seiner Verschworenen, von welcher uns heut zu Tage ihre nur schon zu grosse Wirkungen vollends überzeugen. Daß Recensenten, Buchhändler, und Direkteurs der Lesegesellschaften für ihre Dienste häufig gedungen sind, ist heute gar kein Geheimniß mehr. Diese ihre Handlanger haben strenge mit gutem Gehalte unterstützte Befehle, alle der Religion noch günstige Schriften außer Kurse zu setzen, das ist, zu verschreyen, vom Handel und Verschleuße auszuschließen, und hergegen alle irreligiöse Schandschriften überall laut und hoch zu empfehlen und auszubreiten. Es ist denn bey ihnen des Rühmens von dem alles zermalmenden Scharf- und Tiefsinne des Kantischen Systemes kein Ende. Keines, sich gegen dasselbe erklärenden, wie immer auch noch Ruhm habenden, Selbstdenkers Blick mag ihn erreichen, und verstehen; wenigst so bald er sich erfrechet, demselben seinen Beyfall zu entziehen. Und die

so

so ausgeposaunte Erhabenheit dieses Systemes muß denn vortrefflich dienen, die unverschämtesten, Religions = und Sitten = widrigsten, Sätze desselben allen Blödsinnigen hoch zu empfehlen. Gelehrte und Lehrer, welche bey aller ihrer bessern Gutmüthigkeit der eiteln Ehre des tiefern Selbstdenkens was hungeriger nachzuschnappen, unerachtet ihres seichten Blickes, schwach genug sind, lassen sich durch den Schein dieser Hoffnung blenden; und übernehmen es, dieses System wenigst in der Hauptsache noch so gar als wahr und wirklich zu vertheidigen: weil sie eben diejenigen sind, welche dessen wahren Innhalt und Folgen so wenig, als den gewissen Ungrund, einsehen.

Es ist also wohl der Mühe werth, daß man der ersten ihre unverschämte Bosheit, und der ezten Schwachheit, ins helle Licht setze, um alle andere vor der von jenen absichtlich bezielten, von diesen aber sehr unvorsichtig beförderten gefährlichsten Verführung zu warnen. Man wird denn **zuerst** die unausstehlichsten Ungereimtheiten, welche in diesem Kantischen Systeme behauptet und festgesetzet werden, das ist, sowohl die aller Religion und guten Sitten den vollen Umsturz vorbereitenden Sätze, als die mit aller gesunden Vernunft offenbar streitenden, recht thörichten Behauptungen anderer Dinge,

vor

vor Augen legen. Nach diesem soll auch das Seichtdenken eines (wie ich glaube, an sich gutmüthigen) eifrigern Vertheidigers dieses Kantischen Systemes, als ein Muster aller seines Gleichen auf Kantische Philosophiekenntniß Großthuenden, dargestellet werden; wie wenig sie in ihrem Denken über dieses System von guter Logik und Ordnung im Selbstdenken beobachten. Dieser Eiferer für Kants Kritik der Vernunft ist Hr. (Titl.) Matern Reuß, Prof. der Logik, Metaphysik, und praktischen Philosophie zu Würzburg; welcher dem Anti-Kant, ohne ihn gelesen zu haben und ohne weiteres sogar die Möglichkeit den grossen Kant zu verstehen kurzum abgesprochen hat. Man wird also seine A. 1789. im Druck erschienene Logicam Universalem & Analyticam facultatis cognoscendi nur mit kurzen Anmerkungen durchgehen, um zu zeigen, wie wenig sie von Gründlichkeit und Ordnung in dem so geflissenen Vortrage des Kantischen Systemes enthalte. Das erste soll dienen, jedermann vor dem Betruge der verschworenen Feinde der Religion und guten Sitten, das zweyte aber vor der gefährlichen Eitelkeit mancher selbst Betrogenen, bey der so geschreyvollen Empfehlung der Kantischen Philosophie zu warnen.

Erster

Erster Abschnitt.
Die unausstehlichsten Ungereimtheiten der Kantischen Philosophie.

Diese bestehen in zweyerley Arten von Sätzen; deren die ersten geradezu alle erste Hauptgrundsätze aller Religion und guten Sitten umstürzen, oder gewiß äußerst erschüttern; die zweyten aber mit aller gesunden Menschenvernunft geradezu und offenbarest streiten.

§. I.
Sätze der ersten Art im Kantischen Systeme sind folgende:

1) Kant läugnet (Kritik der Vernunft 1ste Auflage S. 350.), daß es erwiesen werden könne, daß die Seele eines Menschen was von den stäts wechselnden Ideen und Gedanken (Erscheinungen) verschiedenes reelles, eine von diesen verschiedene, stäts in numerischer Einheit bey dem Gedanken- und Ideen-Wechsel fortdauernde, wirksame Substanz, und nicht vielmehr eine

eine bloſſe allen wechſelnden Gedanken anhängige, eben ſo numeriſch wechſelnde, jedoch in allen gleichartige, und ſo fern nur der Art nach einfache (logiſch die nämliche) Form ſey. Er läugnet, daß wir eine Erfahrung von ihrem Unterſchiede von den ſtäts wechſelnden Gedanken haben.

* Man erinnere ſich des des Kartes, welcher das Daſeyn ſeiner Seele aus folgender Schlußrede: (Ich denke: alſo exiſtire ich) allein für gewiß, das Daſeyn aller äußeren Körper und Gegenſtände aber für zweifelhaft anſah. Kant aber geht in unſerm glücklichern Jahrhunderte in der Zweifelsſucht noch weiter, und ſagt (bey Hr. Schulze in deſſen Erläuterung über die Kantiſche Kritik der Vernunft, welche der Hr. Kant ſelbſt für richtig anerkannt hat, S. 105.): „Ich erkenne eben ſo unmittelbar auf das bloſſe Zeugniß meines Selbſtbewußtſeyns, daß Körper exiſtiren, als daß meine Seele exiſtirt, jedoch ſo, daß ich beyde nur als Erſcheinungen kenne; übrigens aber von dem, was ſie an ſich ſelbſt ſeyn mögen, (ob ſie was von ihren Erſcheinungen verſchiedenes, oder

mit

mit den Erscheinungen eines sind) gar nichts weiß."

** Man lese im Anti-Kant II. Thl. vom §. 268. bis §. 273. den offenbaren Beweis von unsrer Erfahrung des Unterschiedes zwischen unsrer Seele als eines wirksamen Princips von einem jeden ihrigen Gedanken als dero Wirkung; aber man lese es mit mehr Tiefsinne, als unsere Kantischen Nachbetter insgemein in ihren Kompendien äußeren. Noch mehr fixe Aufmerksamkeit und Tiefsinn fodert die volle Widerlegung dieses neuen Kantischen Irrthums, welche der Anti-Kant schon im Iten Thl. §. 50. * ꝛc. darlegt.

*** Kant ist also eine Art eines noch viel höher steigenden Idealisten (er nennt sein System selbst in der Krit. S. 369. einen transscendalen Idealismus): weil er nur vom Daseyn einer Seele und äußerlicher Körper in bloßen Erscheinungen, keineswegs aber vom Daseyn einer Seelen- oder Körpersubstanz an sich selbsten, eine Gewißheit eingesteht. Er ist also nicht einmal ein wahrer Egoist, sondern nur ein Ideal-Egoist ꝛc. Eine Erscheinung von neuester Art!

**** Kant

**** Kant beweißt (bey Hr. Schulze S. 107.) die Vortheile dieses seines Ideal = Egoismus durch das, daß itzt alle Fragen von der Möglichkeit der Gemeinschaft der Seele mit dem Körper, vom Zustande der Seele vor dem Anfange dieser Gemeinschaft, und auch nach dem Tode, oder Ende derselben Gemeinschaft, aufhören: weil weder was dafür, noch dawider, mehr mit Grunde kann gesagt werden. Es sey nun schon ein grosser Gewinn, wenn man alles dieses weder mit Grunde behaupten, noch mit Grunde läugnen oder positiv widerlegen könne: „weil es gleichwohl möglich ist, daß ich anderswoher, als aus spekulativen Gründen, Ursache hernehme, eine selbstständige, und bey allem möglichen Wechsel meines Zustandes beharrliche Existenz meiner denkenden Natur zu hoffen." Man lese nun im Anti=Kant auch die festen Widerlegungen aller dieser Vorgaben II. Thl. S. 276. bis S. 282.

2.) Der zweyte Hauptsatz des Hrn. Kants, den er aus dem vorigen folgert, ist: „Man muß sich blos an den Leitfaden der Erfahrung, und über alles Fragen und Forschen in den Schranken halten, welche der Innhalt

halt aller möglichen Erfahrung mit sich
bringt.". Nur dieß sey das einzige Verwah=
rungsmittel wider alle Illusion. Denn die Illusion
des Verstandes und der Vernunft sey alsbald
ganz unvermeidlich, sobald wir mit ihren Urthei=
len und Schlüßen die Schranken der Sinnlichkeit
oder Erfahrung überschreiten, und auf Dinge über=
gehen, die außer den Gränzen aller möglichen Er=
fahrung liegen. Kant heißt allen solchen Ge=
brauch des Verstandes und der Vernunft trans=
cendent, d. i. übergipfelt, übersteigend ꝛc. Sieh
seine Proleg. S. 126. und Hr. Schulze Erläut.
S. 83.

* Nun aber sind geradezu die allerwichtigsten
Wahrheiten vom Daseyn einer Körper=
welt, von dem Urheber derselben, von
dem Daseyn Gottes, und eines künfti=
gen Lebens, von dieser Art, daß sie ganz
außer den Schranken aller wenigst unmittel=
baren Erfahrung liegen, d. i. nach Kant
transcendent sind.

3) Dritter Satz des Hrn. Kants: „Frey=
heit wird in keiner Erfahrung angetroffen;
sie streitet mit dem Kaussalgesetze, und ist
mithin ein leeres Ideal oder Gedankending
(Illusion)." Kants Kritik in der dritten Anti=
nomie.

4)

4.) „Eben so seyn die Ideen von einem Weltalle, sowohl als die Idee von einem Gott, von einer letzten Ursache des Weltalles, von einem unendlichen Wesen, blosse Gedankendinge, ohne daß uns ein Beweis möglich sey, ihre objektive Realität darzuthun: weil sie ohne alle mögliche Erfahrung davon nur von der transcendenten Vernunft als blosse Ideale entworfen sind." (Kants Proleg. S. 129. ꝛc.) „In allen diesen Idealen finde sich ein erweislicher Widerstreit (Kritik in den Antinomien von S. 450.)."

5) „Es giebt sogar keine Logik oder Regeln eines richtigen Gebrauches der Vernunft, um die objektive Realität dieser Ideale erweisen zu können; sondern nur eine Disciplin, welche die Vernunft in allen dergleichen Beweisen ihres Betruges halber überführet (Krit. S. 795. seqq.)"

6) Ohne alles Wissen von Seite der Vernunft über die blos spekulativen Fragen: a) ob es einen Gott gebe: b) ob es ein künftiges Leben gebe: c) und ob der Mensch wahre Willensfreyheit habe: können wir die wahre, uns allgemein nothwendige Weis=
heit,

heit, oder praktische Kenntniß dieses Sa=
tzes erhalten: „Suche vor allem durch die ge=
naueste Erfüllung aller ordentlichen Liebspflichten
gegen dich selbsten, und gegen alle Menschen,
dich der vollen Glückseligkeit würdig zu machen.
Hast du diese Würde durch die wirkliche
Ausübung aller jener Pflichten erreichet,
und findst dich doch in diesem Leben nicht
glücklich; so magst du dich am besten selbst
überreden, daß du glaubst (es sicher vor
wahr hältst), daß es einen Gott und ein ande=
res Leben gebe, in welchem dieser Gott dich die=
ser deiner Würde halber wirklich noch glückselig
machen werde." (Krit. S. 801. 820.)

* Hier sehe man den Grund der heut so ver=
schrieenen Moral ohne Religion.

7) Dieser itzt beschriebene Glauben (es
gebe einen Gott, der in einem künftigen Leben
den Tugendhaften gemäß seiner Würde vollstän=
dig glückselig machen werde) wird (ohne allen
der Tugend vorhergehenden Beweis) bey allen
wirklich Tugendhaften nothwendig mit aller
Festigkeit erfolgen: weil sie sich einmal die
Tugend zum Gesetze gemacht haben, und doch
anders den Zweck der Glückseligkeit nicht errei=
chen können, als durch diese Bedingniß, daß ein

Gott

Gott und ein künftiges Leben sey: weil ja die Erfahrung in diesem Leben der Wahrheit widerspricht, daß Tugend hier glücklich mache. Gleichwie sie nun nothwendig diesen Zweck suchen; so werden sie sich auch gewiß überreden (glauben, vor wahr halten), daß es so einen Gott gebe. Dieser Glaube an Gott und eine andere Welt ist mit ihrer moralischen Gesinnung so verwebt (also moralisch gewiß); daß, so wenig sie Gefahr laufen, diese Gesinnung einzubüßen, sie eben so wenig besorgen, daß ihnen jener Glaube jemals entrissen werde (Krit. S. 828. ꝛc.). Kurz: das Interesse, so ein jeder Tugendhafte an diesem Satze hat, *es giebt einen Gott, und ein künftiges Leben*, wird sie alle bewegen, oder überreden, denselben fest zu glauben und vor wahr zu halten.

* Und nun dieser ist nach Hr. Kant der einzige und beste Beweis vom Daseyn Gottes und eines ewigen Lebens, auf den die Moral hinführet: da die bloße Spekulation uns gar keinen objektiven Grund dafür anweisen kann (Krit. S. 815.).

** „Das einzige Bedenkliche, das sich bey diesen findt (sagt Hr. Kant selbst Krit. S. 829.) ist, daß sich dieser Vernunftglaube auf die

Vor=

Voraussetzung guter moralischer Gesinnungen (d. i. einer wirklich schon vorher unabhängig von demselben vorhandenen grossen Tugendwürde) gründet. Nehmen wir aber einen an, der in Ansehen sittlicher Gesetze gänzlich gleichgültig (oder gar schon bös gesinnet) wäre; — — so ist doch auch so ein Mensch bey dieser Frage nicht frey von allem Interesse. Denn ob er gleich von dem moralischen Interesse, durch den Mangel guter Gesinnungen, getrennt seyn möchte: so bleibt doch auch in diesem Falle genug übrig, um zu machen, daß er ein göttliches Daseyn und eine Zukunft fürchte. Denn hiezu wird nicht mehr erfordert, als daß er wenigstens keine (positive) Gewißheit vorschützen könne, daß kein solches Wesen und kein künftiges Leben anzutreffen sey; wozu, weil es durch blosse Vernunft apodiktisch bewiesen werden müßte, er die Unmöglichkeit von beyden positiv darzuthun haben würde; welches doch auch gewiß kein vernünftiger Mensch übernehmen kann. Das Fürchten würde ein negativer Glaube seyn; der zwar nicht Moralität und gute Gesinnungen, aber doch das Analogon derselben bewirken, das ist, den Ausbruch der bösen Gesinnungen mächtig zurückhalten könne."

*** Zum

*** Zum Beschluſſe wirft ſich Hr. Kant (S. 830.) ſelbſt vor: „Iſt das aber alles, was die reine Vernunft ausrichtet, indem ſie über die Gränzen der Erfahrung hinaus Ausſichten eröffnet? Nichts mehr als zwey Artikel des Glaubens? Es iſt ein Gott, und ein künftiges Leben!! ſo viel hätte auch wohl der gemeine Verſtand ausrichten können, ohne darüber den Philoſophen zu Rathe zu ziehen." Hierauf antwortet er 1): wirklich müße eine Erkenntniß, welche alle Menſchen angeht, den gemeinen Verſtand nicht überſteigen, und nicht erſt von Philoſophen entdecket werden: 2) auf S. 849. ſetzt er noch dieſe Antwort hinzu: „wenn die Philoſophie (Metaphyſik) ſchon nicht der Religion zur Grundveſte dienet, ſo müße ſie doch der Religion zur Schutzwehre, und der Illuſion der Vernunft zum Zügel dienen, um die Verwüſtungen abzuhalten; welche eine geſetzloſe ſpekulative Vernunft ſonſt unfehlbar, in Moral ſowohl als Religion (ich verſtehe, durch gar zu vieles Wiſſenwollen) aurichten würde." Vortrefflich: dieß iſt, glaube ich, wohl eine Schutzwehre gegen, nicht aber für die Religion.

**** Man

**** Man bemerke aber itzt wohl, daß Hr. Kant in diesem Werke seiner Kritik vorausse̱tzet: es gebe Moralgesetze; und man neẖme dieselben allgemein an, auch ohne daß man schon vor diesem vom Daseyn eines Gottes eine Gewißheit, oder festen Glauben, habe. (Krit. S. 807.) Er will also, es sey praktisch möglich, daß ein Mensch diesen Moralgesetzen durchaus bloß aus dem Grunde allein nachlebe: weil die Erfüllung derselben ihn der vollen Glückseligkeit würdig mache; obschon die Erfahrung widerspricht, daß man dadurch hier in diesem Leben wirklich glücklich werde. Wirklich war so was die Lehre der ältesten Stoiker; die Hr. Kant, ohne daß es die meisten merkten, wieder aus der Vergessenheit hervorzog. Allein hören wir itzt, wie ernst es dem Hrn. Kant mit diesen Moralgesetzen, und folglich auch mit dem auf die wirkliche vollkommene Erfüllung derselben gebaueten Glauben vom Daseyn eines Gottes, und eines künftigen Lebens, sey. Die Sätze desselben, welche hievon ein anderes späteres Werk des Hrn. Kants (die Grundlegung zur Metaphysik der Sitten) enthält, werden es lehren. Es sind die folgenden.

8. Wir

8) Wir haben keine Erfahrung von sicheren Beyspielen einer Gesinnung aus reiner Pflicht zu handeln (S. 25.). Also auch nicht von einem wirklichen Daseyn einer reinen Tugend? Also wird wohl auch kein Grund eines festen Glaubens an Gott und eines künftigen Lebens noch vorhanden seyn?

9) Es ist eben so unmöglich zu erklären, was für ein Interesse der Mensch an moralischen Gesetzen nehmen könne, als unmöglich es ist die Freyheit des Willens zu erklären (S. 122.). Auf S. 52. sagt er: „er lasse es unausgemachet, ob nicht überhaupt das, was man Pflicht nennt, ein leerer Begriff sey.

10) Glückseligkeit kann nicht der Zweck der Erfüllung der Moralgesetze seyn, und man könne schlechthin gar nicht bestimmen, welche Handlungen die Glückseligkeit eines vernünftigen Wesens befördern (S. 46. ic.)

11) Es ist unmöglich, wie ein kategorischer Befehl (eine absolute Verbindlichkeit) eines Moralgesetzes möglich sey (S. 122.).

* Natürlich war es, daß Kant niemal (und kein Kantianer) den Grund der Verbindlichkeit eines Moralgesetzes für irgend einen Menschen zu erklären im Stande seyn konnte: da er eines Theiles keinen Gott, als Gesetzgeber dafür, voraus schon erkennen zu können glaubte; andern Theiles aber keine Moralregel anzugeben wußte; welcher eine allgemeine Erfahrung die Gewähre leistete, daß die Menschen durch ihre Beobachtung hier in diesem Leben schon glückselig würden. Denn selbst der reinsten Tugend widerfährt diese Folge nicht. Kant fand also kein Interesse, welches die Menschen allgemein an der Tugend aus dem Grunde der Erfahrung haben möchten; welcher Grund nach seiner Kritik allein reell und von Illusion frey ist. Er gab also nach dem Sinne der alten Stoiker blos die Würde der Tugend selbst dafür an; kraft welcher sie den Tugendhaften wenigst würdig machte, glückselig zu werden. Allein da er es für ganz unerweislich und unerklärlich angab, daß in dem Menschen eine fortdauernde wirksame Seelensubstanz (welche von dessen Erscheinungen und Gedanken verschieden) und eine Freyheit vorhanden sey; so wußte er auch nicht mehr zu erklären, in wem jene von ihm vorgegebene Würde, oder der

der wahre Werth der Tugend bestehe; weßwegen der Tugendhafte wenigst der Glückseligkeit vor andern Menschen würdig seyn sollte. Man höre nur itzt die alberen Erklärungen, welche Kant von dieser Würde der Tugend und von dem Ursprunge der Moralgesetze giebt.

12) Die Würde der Tugend (der Sittlichkeit), sagt er, besteht in dem, daß ein vernünftiges Wesen, das keinem Gesetze gehorchet, als dem, das es zugleich selbst giebt, sich selbst zur Pflicht machet, das zu thun, was es zugleich wollen kann, daß es ein allgemeines Naturgesetz für alle vernünftige Wesen werden soll (Grundleg. S. 51. 59. 77.).

13) Auf solche Art wird der Wille eines vernünftigen Wesens selbst zum allgemeinen Gesetzgeber (S. 70. bis S. 74.).

* Um diese Würde des sich selbst das Tugendgesetz gebenden Willens mit einem Blendscheine zu erheben, giebt ihr Kant einen griechischen Namen, und heißt sie Autonomie des Willens: wie er denn alle seine Einfälle mit neuen, meist griechischen, Worten zu erheben,

und

und so die Dunkelheiten seiner Begriffe mit einem Nebel einer ungeheuer weitschichtigen neuen Terminologie zu verhüllen pflegt; durch derer Verhaue man sich erst durch ein ganzes Lexikon des Kantischen Wortgebrauches den Weg bahnen muß.

** Nun eben diese Idee von der **Würde der Tugend** und des sich selbst das, was er wünscht, daß alle thun sollen, (unabhänglich von allem höhern Wesen und Gesetzgeber) zum Gesetze machenden Menschen ist das wahre Portrait des Stolzes und der Selbstgenügsamkeit des stoischen Philosophen; und zugleich gewiß eine unendlich mehr von objektiver Realität leere Spekulation, als alle jene Demonstrationen vom Daseyn Gottes, welche Hr. Kant so mit Verachtung nur darum ansieht: weil er sicher so wenig die Kunst zu demonstriren besitzet, als so viele seiner Anbether: ohne welche Kunstbesitzung niemand fähig seyn kann, ein Kunstwerk richtig zu beurtheilen. Itzt fährt Kant fort Thorheiten auf Thorheiten zu bauen.

14) a) **Moralität** ist also das Verhältniß der Handlungen zur Autonomie des Willens. — b) Der Wille, dessen Maximen
noth-

nothwendig mit den Gesetzen der Autonomie zusammen stimmen, ist ein **heiliger** (schlechterdings guter) **Wille**. — c) Die Abhängigkeit eines nicht schlechterdings guten Willens vom Princip der Autonomie (die moralische Nöthigung) ist **Verbindlichkeit**. — d) Die objektive Nothwendigkeit einer Handlung aus Verbindlichkeit heißt **Pflicht** (Grundleg. S. 83. bis 87.).

* Im dritten und letzten Abschnitte seiner Grundlegung zur Metaphysik der Sitten strengt Hr. Kant noch die äußerste Kräfte seines Tiefsinnes an, um die Frage in seinem Systeme aufzulösen: **Welches ist das Interesse, welches den Ideen der Sittlichkeit (moralischen Tugend) anhängt?** oder: **Woher kömmt die Verbindlichkeit des moralischen Gesetzes?** (S. 101. 104.) Er gesteht aber kurzum, daß diese Frage aus allen seinen bisher zur Grundlage der Metaphysik der Sitten aufgestellten Principien und Begriffen nicht aufzulösen sey, außer wir sehen uns als durch Freyheit a priori wirkende Ursachen (d. i. unsere Seelen als fortwirkende Substanzen) und unsere Handlungen als Wirkungen, auf zweyerley Standpunkten einer Sinnenwelt, und einer Verstandwelt an an (S. 106.); das ist so viel als: außer wir sehen die ganze Kritik des Hrn. Kants als eine Träumerey an, welche sich in dem Menschen Erscheinungen von Vorstellungen und Gedanken ohne ein vorgestelltes Objekt, und ohne eine denkende Substanz der Seele, vorträumte.

** Aber lasset uns die letzten Sätze hersetzen, mit welchen Kant seine Untersuchung über die obige Frage beschließt. Sie stehen von S. 112. an bis ans Ende der Grundlegung ꝛc.

15) Die äußersten Gränzen aller praktischen, oder Moral-Philosophie sind diese: a) Alle Menschen denken sich dem Willen nach frey. b) Wir haben aber keine Erfahrung von dieser unserer Freyheit. c) Auf der andern Seite ist es eben so nothwendig, daß alles, was geschieht, nach Naturgesetzen unausbleiblich bestimmet sey. d) Wir haben zwar auch von dieser Nothwendigkeit keine Erfahrung, aber sie wird doch durch Erfahrung bestättiget; und sie muß selbst unvermeidlich vorausgesetzet werden, wenn Erfahrung, d. i. nach allgemeinen Gesetzen zusammen hängende Erkenntniß der Gegenstände der Sinne, möglich seyn soll.

soll. e) Daher ist Freyheit nur eine (blöſſe) Idee der Vernunft; deren objektive Realität an sich zweifelhaftig ist (NB. NB. NB,): Natur aber ist ein Verstandesbegriff, der seine Realität an Beyspielen der Erfahrung beweist, und nothwendig beweisen muß. f) Hieraus (S. 114.) entspringt eine Dialektik der Vernunft (heißt nach der Kritik der Vernunft S. 21. 62. so viel als eine Illusion, oder Schein von objektiver Wahrheit; da doch dem Begriffe keine objektive Wahrheit oder Realität entspricht); da in Ansehen des Willens die ihm beygelegte Freyheit mit der Naturnothwendigkeit im Widerspruche zu stehen scheint. g) Bey dieser Wegscheidung findet die Vernunft in spekulativer Absicht (d. i. in Absicht auf reelle Wahrheit) den Weg der Naturnothwendigkeit viel gebahnter und brauchbarer, als den der Freyheit (NB. NB.) h) Doch in praktischer Absicht (d. i. um eine Moralität der Handlungen noch zu behaupten) ist der Fußsteig der Freyheit der einzige, auf welchem es möglich, von seiner Vernunft bey unserm Thun und Laſſen Gebrauch zu machen. (Wie? wenn aber auch hier die über Erfahrung hinaus schweifende Vernunft nur Illusion vorbrächte?) i) Daher wird es der subtilsten Philosophie eben so

un-

unmöglich, wie der gemeinsten Menschenvernunft, die Freyheit (ganz und positiv)
wegzuvernünfteln. Diese muß also wohl
voraussetzen (NB. NB.): daß kein wahrer
Widerspruch zwischen Freyheit und Naturnothwendigkeit eben derselben menschlichen
Handlungen angetroffen werde (die aller
Vernunft selbst widersprechendste Voraussetzung
wäre eben diese): denn sie kann eben so wenig den Begriff der Natur, als den der
Freyheit aufgeben (S. 115.). k) Wenn aber
sogar der Gedanke von der Freyheit sich
selbst, oder der Natur, die eben so nothwendig ist, widerspricht (NB. NB. NB.);
so mußte sie gegen die Naturnothwendigkeit durchaus aufgegeben werden. 1) Es
muß also dieser Scheinwiderspruch (o! er
ist der reelleste) wenigstens auf überzeugende
Art vertilget werden; wenn man gleich,
wie Freyheit möglich ist, niemals begreifen
könnte. m) Dieß ist blos dadurch möglich,
daß man in der spekulativen Philosophie
wenigst zeige, daß dieser Widerspruch nur
eine Täuschung (ein Scheinwiderspruch) sey.
n) Diese Pflicht liegt aber blos der spekulativen Philosophie ob; damit sie der praktischen freye Bahn schaffe. Hebt der spe-
kulative Philosoph diesen scheinbaren Wi-
der-

derspruch nicht (NB. und nun Hr. Kant kann ihn selbst nach seinem Geständnisse gemäß nicht nur nicht heben; sondern nach allen Regeln seiner Kritik ist der über alle Erfahrung hinausgehende Begriff von Freyheit von objektiver Wahrheit durchaus leer); so setzet sich der Fatalist mit Grunde in den Besitz der Theorie, und jagt alle Moral aus ihrem ohne Titel besessenem Eigenthume (Ecce! Ecce finem!).

o) Doch gehört die Beylegung dieser Streitigkeit gar nicht in die Gränze der praktischen Philosophie, sondern diese fodert von der spekulativen Vernunft, daß diese die Uneinigkeiten, darinn sie sich in theoretischen Fragen selbst verwickelt, zu Ende bringe; damit praktische Vernunft Ruhe und Sicherheit für äußere Angriffe habe, die ihr den Boden, worauf sie anbauen will, streitig machen könnten.

* Wenn wir nun alle diese Sätze des Hrn. Kant von Nro. 8. an im gelindesten Verstande nehmen; so behauptet er in denselben als gewiß, daß Freyheit, Moralität, Moralgesetz, Pflicht, Tugend, blos eben solche Ideale und blos problematische Vernunftideen sind; für dergleichen er in seiner Kritik der Vernunft unsere Ideen von einer Seelensubstanz, von

einem

einem Weltalle, von einem unendlich vollkommenen Wesen oder Gott, ausgab; von welchen schlechthin unerweislich, daß ihnen ein reelles Objekt und objektive Wahrheit entspreche. Welchen Eindruck wird nun so eine Erkenntniß von Moralität der Handlungen, von Tugend, von Moralgesetzen und Pflichten (ohne noch voraus an das eben so todte Ideal eines Gottes, als Gesetzgebers, zu gedenken) auf den Willen der Menschen machen; welche mit bösen Neigungen angefüllet, und doch einmal von diesen Kantischen Grundsätzen, als unwiderleglichen Wahrheiten, eingenommen sind? Wie viele Tugend und Würde, einst doch von einem vorhandenen reellen Gott in einem andern Leben mit voller Glückseligkeit beehret zu werden, wird dieses Ideal, die problematische Ungewißheit desselben, in der Welt hervorbringen? Wie groß wird auch nur die Furcht vor dem eben so problematischen Ideale eines Gottes seyn bey bösen Menschen; unter denen kaum ein Tugendhafter mehr zu finden, und keine Erfahrung von einer Gesinnung aus reiner Pflicht zu handeln seyn wird (Nro. 9.)? Da aber nur die wirklich besessene Tugendwürde den Wunsch, die Hoffnung, und den Glauben von einem vorhandenen Gott nach

Kant

Kant erwecken kann: wie viel Glauben an einen Gott, und an ein künftiges Leben, wird in der Welt übrig bleiben, wenn der Anhang an die Kantische Philosophie allgemein werden solle? Selbst die volle Gewißheit vom Daseyn Gottes, als die lebendigste Kenntniß, erklecket bey den wenigsten Menschen ihre Leidenschaften zu bändigen. Wie viel wird die todte Vorstellung eines leeren Ideals, oder eines Problems von Moralität und Tugend auswirken? Wie ein festes Gebäude war also wohl jenes, da Kant in seiner Kritik der Vernunft für den einzigen und besten Beweis von Gott angab; in welchen der Glaube an Gott mit moralischer Gewißheit auf die reelle objektive Wahrheit wirklich vorhandener Moralgesetze, und deren tugendhafte Erfüllung gegründet wäre; in seiner Grundlegung der Metaphysik der Sitten aber einige Jahre hernach eben so bewies: daß Moralgesetze, Tugend, Pflicht, Moralität, Freyheit, eben so bloße Ideale und Problemen wären, wie eine Menschenseele, ein Weltall, ein Gott? Sollte etwa die Kritik der Vernunft nur der erste Schritt und Vorbereitung gewesen seyn, um allen Glauben an Gott und Moralität, alle Achtung für Religion und Sitten, ganz

zu

zu verdrängen? Wenigst ist mir in der ganzen Welt = und Litteraturgeschichte kein gewaltigerer Angriff auf diese beyden Hauptgrundsäule aller Staaten und alles menschlichen Glückes bekannt, als jene der Kantischen Philosophie und ihrer so eifervollen und rastlosen Ausbreitung.

*) Doch! wie ungleich sind die Menschenköpfe gestimmet! Jener junge Nachbar, welcher die erste Recension des mit dem Kant in Philosophie gleich grau gewordenen Anti = Kants in der Salzburger Litteraturzeitung (Nro. CCLXV. und XVI. Stücke) geliefert hatte, behauptete kurzum: eben die Art des Beweises vom Daseyn Gottes, welcher sich Kant gebrauchet, sey die schicklichste aus allen auch für den Beweis der ganzen christlichen Religion. Ja, ich will es glauben, für das neue Illuminaten = Christenthum.

§. II.

Sätze der zweyten Art im Kantischen Systeme, welche nämlich mit aller gesunden Menschenvernunft streiten, sind die folgenden:

1) Wir erfahren in uns nichts als Erscheinungen von immer wechselnden Vorstellun=

stellungen einer Sinnenwelt außer uns in einem keine Schranken habenden Raume, und spontanee Gedanken inner unserm Ich, ohne doch eine Erfahrung von einer fortdauernden nämlichen wirksamen Substanz unserer Seele, oder unsers Ichs, zu haben.

2) Der Raum, in welchen alle Dinge der äußeren Sinnenwelt uns in ihren Vorstellungen erscheinen, ist nicht an diesen Dingen außer uns vorhanden; und sie erfüllen an sich selbsten außer uns keinen Raum: sondern er ist eine bloße innere Art und Form, in welcher unser Erkenntnißvermögen allein fähig ist, das Mannigfältige der erscheinenden äußeren Dinge in gewisse Verhältnisse geordnet anzuschauen und sich vorzustellen.

3) Auch die Zeit ist kein wirklicher Wechsel oder eine Aufeinanderfolge weder der Dinge außer uns, noch selbst unserer Gedanken inner uns; sondern eine bloße innere Form oder Art der Vorstellung bey der derselben; in welcher unser Erkenntnißvermögen allein fähig ist, das Mannigfältige derselben in gewisse Verhältnisse geordnet sich vorzustellen.

4) Es giebt also nirgend einen wirklichen objektiven Raum, oder eine wirkliche Zeit, weder außer uns in den Dingen der Sinnenwelt, noch inner uns in den Erscheinungen und Gedanken; sondern nur Vorstellung vieler Dinge im Raume und in der Zeit.

* Die Zeit (sagt Kant in der S. 53. seiner zweyten Auflage der Kritik der Vernunft) ist nur wirklich als eine Form der innern Anschauung, d. i. ich habe wirklich nur die Vorstellung von der Zeit (einem Wechsel oder Aufeinanderfolge) meiner Bestimmungen. Sie ist wirklich, nicht als Objekt, sondern als die Vorstellungsart meiner selbst als Objekts. Wenn aber ich selbst, oder ein anderes Wesen, mich und meine Vorstellungen, ohne diese Bedingung seines Kenntnißvermögens, anschauen könnte; so würde gar keine Vorstellung einer Zeit, oder Aufeinanderfolge meiner Bestimmungen, demselben vorkommen.

5) Der Vorstellung von Raum und Zeit entspricht also gar kein Objekt; und es giebt folglich Vorstellungen und reelle Kenntnisse ohne alles ihnen entsprechendes Objekt.

* Es

* Es folget also nicht wirklich die Nacht auf den Tag. Aber auch unsre Vorstellung von der Nacht folgt nicht erst nach der Vorstellung vom Tage; sondern nur eine Vorstellung ohne Wechsel vom Tage und Nacht zugleich hat die Form den Tag und die Nacht vorzustellen, als folgten sie aufeinander. Wir haben also nur Vorstellungen von Raum und Zeit, aber keinen objektiven wirklichen Raum, noch Zeit.

6) Diese bisher erzählte Sätze des Hrn. Kant sind die Hauptgründe seiner Kritik der Vernunft und der ganzen Kantischen Philosophie, auf welchen diese schlechthin beruhet, und mit denen sie fällt. Hr. Kant behauptet (Krit. d. V. S. 63. zweyter Auflage) daß sie keine bloße Hypothese, sondern so gewiß und ungezweifelt sind, als jemals von einer Theorie gefodert werden kann, die zur Grundregel unsers Rechtdenkens (als Organon) dienen soll.

* Nun behauptet Hr. Kant zwar anderswo (Krit. S. 66.), nichts könne man als gewiß ansehen, außer wovon wir eine wirkliche Erfahrung, und sofern wir davon eine wirkliche Erfahrung haben. So bald aber unsre Vernunft sich über die Erfahrung mit ihren Ge-

danken

danken hinauswagt; bekommen wir nicht als idealen Schein der Wahrheit ohne Objekt und Realität. Und doch erweist Hr. Kant alle diese seine obige Hauptsätze nirgend aus einer Erfahrung; kann sie auch offenbar durch Erfahrung nicht bewähren; als die denselben vielmehr widerspricht. Man lese seinen Hauptbeweis von der blossen Denkform des Raums (Krit. S. 64.); wo er blos die geometrischen Sätze vom Raume (als von ihm so genannte synthetische Sätze) zum hinreichenden Grunde anbringt. Und doch ists gewiß, daß es keine Erfahrung giebt von wirklichen mathematischen Linien, Zirkeln, Ellipsen ꝛc. noch von der wirklichen unendlichen Theilbarkeit des Raumes, sondern nur von einer uns unerreichbaren Theilbarkeit desselben. Sind also dieß nicht handgreifliche Widersprüche des Denkens im Kantischen Systeme? Und diese Widersprüche nehmen doch alle Kantianer in ihren eifrigsten Schutz.

7) Hr. Kant läugnet alle Erfahrung von einer fortdauernden Identität und Substantialität unserer eigenen Seele, unsers Ichs. Und doch unterscheidet er einen innern und äußern Sinn!!! — — Er gesteht zwar ein, wir schauen in unsern Erscheinungen die Körperwelt

C   außer

außer un s an, die Erscheinungen und Gedan=
ken selbst aber inner un s. Er läugnet aber
alles Fortdauern unsers nämlichen Ichs, und
läßt doch keine reelle Zeit, oder objektive Aufein=
anderfolge, weder in den Gedanken, weder in
unserm Ich, zu; ja selbst nicht in der Form
derselben, sondern nur eine von allem Objekte
leere Vorstellung von einer Zeitfolge.

8) Kant gesteht unserm Gemüthe Kennt=
nißvermögen von verschiedener Art zu (als Sinn=
lichkeit, oder die Receptivität Vorstellungen zu
empfangen, und Verstand, oder das Vermögen
Vorstellungen selbst hervorzubringen; wie er sie
in der Krit. der Vern. S. 16. 19. 51. und in
seinen Prolegom. S. 88. erkläret); und doch
keine fortdauernde Seelensubstanz, oder Ge=
müth selbsten.

9) Nach Hr. Kant können wir 1) nur von
dessen reeller Möglichkeit gewiß seyn; wovon
eine Erfahrung unsers innern oder äußern Sin=
nes möglich ist. 2) Dieses Mögliche wird wirk=
lich, so bald wir es durch Erfahrung wahrneh=
men: 3) nothwendig aber ist es, wenn es
mit den schon gemachten Erfahrungen zusammen=
hängt. 4) Ob außer dem, wovon für uns eine
Erfahrung möglich ist, noch was immer anderes

mög=

möglich sey, kann der Verstand oder die Vernunft nicht entscheiden (Krit. der Vern. S. 230. Schulze S. 65. bis 69.). 5) Zur objektiven Realität eines Begriffes sey es zwar eine conditio sine qua non, daß er keinen Widerspruch enthalte; aber doch allein auf keine Weise dazu erklecklich; sondern es sey vonnöthen, daß eine Erfahrung von dem möglich sey, was der Begriff vorstellt. 6) Und nun aus diesem einzigen Grunde schließt Hr. Kant: alles unser Vernunftdenken von Dingen (z. B. von Gott, von einer Körperwelt) wovon für uns keine Erfahrung möglich ist, beruhe nur auf Scheine; sey blos ideal, und leer von einem reellen Objekte.

* Dieß ist sein ganzer Hauptgrund, woraus er zu demonstriren glaubt, unsere Vernunftdiskurse von Gott, als einem Möglichen und Wirklichen unendlich vollkommenen Wesen, so wie jener von der Wirklichkeit der Körperwelt, sey bloße Dialektik, d. i. nur ideal, und leer von objektiver Wahrheit. Deßwegen ist ihm unsre ganze Vernunft dialektisch, lauter Schein, nicht viel mehr als Träumerey. „Die Armseligkeit unserer gewöhnlichen Schlüße (sagt er S. 231. in der Krit. der Vern.), wodurch wir ein grosses Reich der Möglichkeit herausbringen; wovon

alles Wirkliche nur ein kleiner Theil sey, ist sehr in die Augen fallend."

** Kant könnte wohl gar mit gleichem Grunde erweisen, ein Gott sey positiv unmöglich; weil sogar dessen Begriff beyden Formen oder Bedingungen der Erfahrung, nämlich des Raums und der Zeit, widerspreche, und folglich keiner Erfahrung des äußern, noch des innern, Sinnes fähig sey.

*** Um den ganzen Unsinn dieser Sätze einzusehen, muß man wohl bemerken, daß dem Hrn. Kant hier die Rede blos ist von unmittelbaren Erfahrungen; dergleichen wir nur durch die Empfindung und durch das innere Gefühl unserer Vorstellungen und Gedanken haben. Denn er läßt keine mittelbare Erfahrung äußerer Dinge selbst in den Erscheinungen des äußern Sinnes, als wirkender Ursachen in ihren Wirkungen, zu; als durch welche wir vom Daseyn einer äußern Körperwelt vergewissert wurden. Nach ihm ist also nur das möglich, was einst ein Bestandtheil unserer Erscheinungen oder Gedanken werden kann, d. i. nur unsere mögliche Vorstellungen und Gedanken (ohne reelle denkende Substanz) machen das Feld alles möglichen, ja auch alles wirklichen, aus.

aus. Denn da es in denselben eben so wenig eine reelle (objektive) Zeit oder Aufeinanderfolge giebt; so ist stäts in denselben alles wirklich, was möglich ist. Denn wenn von den möglichen zuerst was nicht möglich wäre, und dann erst wirklich würde, so gäbe es schon eben darum eine objektive Zeit. Selbst also auch unsere Erfahrungen von Erscheinungen folgen nicht wahrhaft auf einander; sondern werden selbst nur unter der blos idealen Form einer Zeit oder Aufeinanderfolge von uns wahrgenommen und erfahren. Der gelehrteste Hr. Kant hatte also sein ganzes Gedankensystem schon vom Anbeginne seiner Existenz im Kopfe, ohne doch jemals einen substantiellen, in einem fortdauernden, Kopf gehabt zu haben. Welche Thorheiten!

**** Mir wäre nichts leichter, als dieses Kantische System mit jenem des Spinoza in eines vollkommen zusammenzuschweißen. Denn wer weiß (kann ein Kantianer sagen), was mit meinen von mir wirklich unter der Form meines Ichs schon wahrgenommenen (erfahrenen, wirklich gewordenen) Vorstellungen noch zusammenhängt, und folglich noch wirklich werden kann. Möglich ist alles, wovon
eine

eine Erfahrung in mir möglich ist, oder dessen Erfahrung, (Erscheinung und Wahrnehmung) mit meinen wirklichen Erscheinungen und Wahrnehmungen (Erfahrungen) keinen Widerspruch enthält. Wie soll eine unendlich vollkommene Summe von Erscheinungen einen Widerspruch mit meinen wirklich schon erfahrnen Erscheinungen ausmachen? Meine bisherigen Erscheinungen sind nur der kleinste Theil von den vielleicht in mir möglichen. Ob sie also schon unvollkommen sind, kann doch die Summe aller in mir möglichen unendlich vollkommen seyn. Die Form des Raumes, und der Zeit, unter welchen sich mir alle meine Erscheinungen vorstellen, sind ohnehin ihrer Natur nach ohne Gränzen (Sieh die ersten zwey Antinomien des Hrn. Kants). Wer weiß also, ob nicht mein bisheriges Denken in Raum und Zeit etwa selbst blos ein geringer Bestandtheil von jener einzigen möglichen selbstständig fortdauernden Substanz eines unendlich ausgedehnt und ewig denkenden unveränderlichen Wesens sey, das man Gott nennet. Sieh da den leibhaften Spinozismus!

***** Man merke zuletzt noch folgendes. Der ganze Grundirrthum des Kantischen Systems

be=

besteht auf diesen zweenen Hauptsätzen: 1) Die Erscheinung unsers äußern Sinnes von einer äußern Körperwelt im Raum und Zeit ist nicht eine wahre Wirkung von dieser äußern Körperwelt und ihres Daseyns im wirklichen objektiven Raume, und mit wirklicher objektiver Zeitfolge ihrer Veränderungen. Dieß ist ein Satz schon der Leibnitzianischen und Wolfianischen vorbestimmten Harmonia. Daß aber die Vorstellung von jenem äußern Raume der Körper selbst keinen Raum enthalte, gesteht jedermann ein. 2) Auch die Vorstellung unsers innern Sinnes von einer Zeitfolge unserer eigenen inneren Erscheinungen und Gedanken hat zum Gegenstande keine reelle objektive Zeitfolge unserer Erscheinungen und Gedanken selbsten; sondern sie stellt in diesen eine Zeitfolge nur eben so ideell vor, wie die Vorstellung von äußerer Körperwelt eine Zeitfolge in dieser blos ideell vorstellt. Dieser zweyte Satz ist ein nur dem Hrn. Kant eigener Einfall. Der Leibnitzianer zerbrach zuerst die Sicherheit des äußern Sinnes als eines Kriteriums der Wahrheit vom Daseyn der äußeren veränderlichen Körperdinge. Kant wagte nun gegen denselben den zweyten Schritt,

und

und läugnete die Unfehlbarkeit des innern Sinnes, als eines Kriteriums der Wahrheit seiner Erfahrungen und Wahrnehmungen von der wirklichen Zeitfolge unserer Gedanken. Kann es äußere Vorstellungen geben, ohne reelles Objekt, und die blos Ideale sind, sagte er; so kann es auch innere Vorstellungen ohne reelles inneres Objekt geben, die blos Ideale sind. Selbst die Vorstellung unsers Ichs kann blos ideal und ohne reelles Objekt seyn. Kein Leibnitzianer kann jetzt dem Kant diese Folge widerlegen. Nun sind die besten protestantischen Philosophen meist Leibnitzianer. War es ein Wunder, daß sie Kantianer wurden? Alle nahmen es für ausgemacht an, man könne die objektive Realität der Vorstellungen des äussern Sinnes nicht hinlänglich aus Erfahrung über dieselben erweisen. Nun sagte Kant: Auch die objektive Realität der Vorstellungen des innern Sinnes von einer Zeitfolge unserer Gedanken sowohl als vom Daseyn einer Seelensubstanz könne nicht erwiesen werden. Der einzige mögliche Beweis wäre die erwiesene Abhängigkeit unserer Vorstellungen des äußern Sinnes von der äußern Körperwelt als ihrer wirkenden Ursache; und für die Vorstellungen unsers innern Sinnes von der wirklichen Zeitfolge

folge unserer Gedanken die erwiesene Abhängigkeit (oder Posteriorität) derselben Vorstellungen von dieser durch sie vorgestellten aufeinander folgenden Gedanken, als den materiellen Bedingnissen der Möglichkeit (rationibus possibilitatis) solcher Vorstellungen von ihrer Zeitfolge. Hr. Kant kehret aber dieses alles um, und sagt gegen die Erfahrung selbst des innern Sinnes: Die Vorstellung, oder das innere Gefühl, einer Zeitfolge in unsern Gedanken sey nur eine Bedingniß der Möglichkeit, sich die Gedanken selbst vorzustellen; das ist, die Vorstellung von einer Zeitfolge sey der Grund der Möglichkeit ein Objekt zu werden für die Gedanken, nicht aber diese sammt ihrer wirklichen Zeitfolge, als ein schon vorhandenes Objekt, seyn der Grund der Möglichkeit ihrer Vorstellung mit einer Zeitfolge. Nun durch so eine Waghalserey stößt aber Hr. Kant den Hauptgrund auch alles jenen reellen Denkens um, den er selbst noch für den einzigen dessen annimmt, was er allein glaubt noch in sein System des aufs äußerste getriebenen Idealismus als reell wahr aufnehmen zu können. Dieser heißt: Nichts ist reell und objektiv wahr, als allein das, von dem wir eine Erfahrung haben. Nun ist unläugbar, daß wir eine

innere

innere Erfahrung von der wirklichen (nicht nur Vorstellung, sondern) objektiven Zeitfolge selbst unserer Gedanken haben. Kann diese Erfahrung auch selbst täuschen; kann sie ein blosses Ideal, Schein, Illusion seyn: wo werden wir auf Erfahrung selbst mehr bauen können? Gut! So ist denn alles, auch unsere innerste Erfahrung, aber auch Kants System, ein blosser Traum.

Muß man aber bey der Bemerkung dieser so gewiß offenbarsten Ungereimtheiten des Kantischen Systems jetzt nicht über die Seltsamkeit erstaunen, daß ungeachtet dessen so ein einstimmiges Recensentengeschrey sich von allen Seiten hören läßt; durch welches alles nur mit entschlossener Verachtung ausgezischet wird, was gegen dieses System geschrieben wird? Nie ließ sich noch ein Recensent ein, über die Hauptpunkte dieses Systems, mit welchen es stehen oder fallen muß (und welche mit eigenem Gutheißen des Hrn. Kants der Hr. Schulze, und auch Anti-Kant in seiner ersten Vorrede, so genau bestimmet hat) die so bestimmte Erklärungen und deren Beweise ordentlich zu untersuchen, darauf zu antworten, oder dieselbe zu widerlegen, welche der Anti-Kant darüber schon vor zwey Jahren vorgelegt hat. Blos necket man (ohne Gegen=

gengründe zu bringen) mit Spötterey und Machtsprüchen an Nebendingen, oder begnügt sich, wieder blos aus dem Dreyfuße seiner Willkur, den Vorwurf zu machen: Kant sey nicht wohl verstanden worden; und dieß auch dann, wann Anti=Kant die blos eigenen Worte des Kants, oder der von Kant gutgeheißenen Erläuterung der Kritik der Vernunft deßelben vorbringt; zum B. von dem Innhalt der Aesthetik deßelben. Selbst Hr. Kant, obschon vom Anti=Kant laut aufgefoderet, läßt sich mit keinem Worte gegen diesen vernehmen. Man will also seiner Sache schon ohne Weiteres gewiß seyn, und jeder Widersprecher, sage er, was er wolle, hat zum Voraus schon unrecht. Soll hier nicht eine Kabale und schon festgesetzte Absicht im Geheimen arbeiten?

Allein es sey fern, daß ich allen Vertheidigern des Kantischen Systems so eine böse Absicht zumuthen wolle. Dann aber kann ich nicht anders, als mich über das Seichte der Denkart solcher Lehrer befremden; wenn sie auch nach dem Auftritte des Anti=Kants, ohne die Gegenbeweise deßelben nur zu berühren, blos den alten Brein des Hrn. Kant wieder neu auftischen.

Zweyter Abschnitt.
Das Seichtdenken in mancher vielleicht gutmüthiger Vertheidigung der Kantischen Kritik der Vernunft.

Der Innbegriff alles Grundes dieser Kritik besteht in diesen zweenen Sätzen: 1) Nur die Kenntniß mittelst der unmittelbaren Erfahrung ist gewisse, wahre, reelle Kenntniß: alle andere enthält nur Schein, ist bloßes Ideal. 2) Raum ist in unsern Vorstellungen des äußern Sinnes nur innere Form der Vorstellung selbst, nicht aber eine reelle Vorstellung einer objektiven Form, oder eines objektiven Verhältnisses des Daseyns vieler reeller Objekte. Und eben so ist Zeit in unsern Vorstellungen des äußern, ja selbst auch des innern Sinnes, nicht eine reelle Vorstellung einer objektiven Form, oder eines objektiven Verhältnisses, des Daseyns äußerer reeller Objekte, und unserer eigenen inneren Gedanken; sondern ebenfalls nur eine ideale Form unserer Vorstellung von diesen.

* Nun

Nun will Kant, diese seine zween Hauptsätze seiner Aesthetik haben alle erfoderliche Gewißheit eines Organon von Theorie (Krit. S. 63.). Und doch ist die ausschlüßliche Affirmation des ersten Satzes (**Nur die unmittelbare Erfahrung gewähret reelle Gewißheit 2c.**) nirgend erwiesen. Und eben so wenig mag der zweyte Satz selbst durch Erfahrung, oder durch den ersten Satz, erwiesen werden: ja die Erfahrung des innern Sinnes von der Zeitfolge der Gedanken als einem Objekte (nicht als Form der Vorstellung) widerspricht ihm sogar. Einmal ists gewiß, daß, so wenig wir eine unmittelbare Erfahrung vom Daseyn der äusseren Dinge in einem objektiven Raume und in reeller Zeit haben, wir doch eben auch keine dergleichen Erfahrung vom Nichtdaseyn eines dergleichen reellen Objektes unserer Vorstellung von Raum und Zeit, und von der blossen Idealität dieser Vorstellungen, haben. Woher denn eine Gewißheit von diesen?

Aus dieser so ungegründeten Voraussetzung folgeret Hr. Kant in seiner Analytik ferner, daß es keine allgemeine Begriffe geben könne, welchen ein eben so allgemeines reelles Objekt in analytischen Sätzen entspreche: weil wir nie eine
so

so allgemeine Erfahrung oder Induktion erhalten können, welche alle unter dem allgemeinen Begriffe enthaltene Individuen zusammenfaßte. Diese allgemeine Begriffe also, so fern ihren allgemeinen Vorstellungsformen keine Erfahrung mehr entspricht, sind also blosse Ideale, in unserm Vorstellungsvermögen allein gegründete, Formen von Vorstellungen ohne Realität. Da wir nun, um bündige Vernunftschlüsse zu machen, nothwendig den Medium terminum wenigst einmal in den Vordersätzen als allgemein bedeutend gebrauchen müssen: so höret nach so einer Lehre des Hrn. Kants alle Sicherheit von der Realität unserer Vernunftschlüsse auf: weil kein Medius terminus allgemein genommen, mit reeller Wahrheit in den Vordersätzen stehen kann; und die Vernunft führt in ihren Schlüssen blos auf Schein, nie auf reelle Wahrheit.

* Jetzt will man diese nagelneue Logik, als die allein wahre Kunst richtig zu denken, unsere Anfänger der Philosophie mit allem Gewalt lehren. Man behauptet sogar mit Hrn. Kant (wie schon oben gesagt worden), es gebe durchaus keine Regeln, noch Logik, von einem richtigen Gebrauche unserer Vernunft, um mittelst derselben über das, was wir unmittelbar erfahren mögen, noch eine andere reelle

reelle Kenntniß zu erreichen (er sollte nur sagen: er wisse keine: denn daß es keine gebe, oder geben könne, hat ja auch Kant keine so allgemeine Erfahrung): nur dazu gebe es eine logische (nicht Kunst, sondern nur) Disciplin, um uns vor der Illusion des blos idealen Denkens der Vernunft zu verwahren. Fürwahr eine vortreffliche Logik und Disciplin für den vollständigen Unglauben, und zur vollen Verachtung alles dessen, was Religion und Moralität, Vernunft und Tugend, heißt. So ein Haupteiferer für diese Kantische Logik ist vorzüglich der Hr. Professor der Logik, Metaphysik, und praktischen Philosophie zu Würzburg P. Matern Reuß. Dieser rüstige Vertheidiger des Hrn. Kants, ob er schon noch kaum 30 Jahre alt seyn mag, erklärte feyerlich, sobald er den in der Philosophie und im Selbstdenken schon eben so, wie Kant, ergraueten Anti=Kant nur in dem Leipziger Meßkatalogus angekündigt las: „Der Verfasser des Anti=Kants kann Kants Schriften gar nicht verstehen:" Und warum? „weil er eine eigene Metaphysik hat, und diese als eine Richtschnur brauchen wird, zur Beurtheilung der Kantischen Vernunftkritik: da doch dessen Metaphysik von Hrn.

Kant bezweifelt wird, und zuerst die Möglichkeit der Metaphysik untersuchet, und von Kants Kritik angefangen werden muß." Herrlich! Nun wußte aber Kant nicht eine Sylbe von Stattlers Logik und Metaphysik: obschon eben diese Logik und Metaphysik des Stattlers geradezu durch neue Erfindungen eben jene Fehler zu ersetzen scheint, welche der Hr. Kant der alten Logik und Metaphysik, wie sie Kant kannte, vorwirft. Wie konnte sie denn Kant schon bezweifeln? Darf man etwa Kants Kritik nicht mehr bezweifeln? Sind etwa seine obigen zween Hauptsätze desselben schon richtig und aus unmittelbarer Erfahrung bekannt; daß man sie nicht mehr widerlegen darf? Ist denn nicht eben das allererste Geschäft des Anti=Kant diese zu widerlegen? Und warum sollte Stattler diese zween Hauptsätze der Kantischen Kritik nicht verstehen, und ihren Ungrund nicht vielmehr der allererste und am Besten einsehen können? Etwa weil er längst schon derselben Falschheit erwiesen hat? Unvergleichlich! Wie? wenn man so schlösse: „Hr. Matern Reuß hat des Stattlers Logik und Metaphysik noch nie verstanden; kann sie nicht verstanden haben:" warum? „weil er nicht weiß, daß Stattlers Logik und Meta=

physik

physik gerade dieses eigen hat, und dahin abzielet, die Falschheit der zwey Hauptsätze des Hrn. Kants, und die Möglichkeit einer reellen Denkart der Vernunft, zu erweisen; welche Hr. Kant in seiner ganzen Vernunftkritik zu läugnen allein bedacht ist.

Allein der Eifer des Hrn. P. Matern Reuß gieng viel weiter. Er übernahm die Lehre des Kants in sein Amt und in seine positive Vertheidigung auf; und, um sie nicht nur dem Deutschlande, sondern allen Völkern zu empfehlen, gab er die Haupttheile des Systems der Kantischen Vernunftkritik in Latein unter dem Titel: Logica Universalis & Analytica Facultatis cognoscendi puræ schon A. 1789. zu Würzburg heraus; welche ich aber erst im Junius A. 1791. zu sehen bekam. Lasset uns denn von diesem rüstigen Alliirten des Hrn. Kants einige Musterstücke von Stärke des Selbstdenkens vorbringen. 1) Hr. P. Reuß sollte denn zuerst die Hauptsätze des Hrn. Kants berichtigen, und unter diesen jenen obigen ersten Satz. Allein er begnügt sich, ihn schlechthin als schon durchaus gewiß vorauszusetzen, mit diesen Worten (§. 6. Logicæ): Cognosci objectum non potest, nisi id ipsum repræsentatio fiat.

D * Man

* Man bemerke zuerst, daß Hr. Kant, nach dem Beyspiele des Hrn. David Hume, den Begriff von einer Kaussalität einer wirkenden Ursache, sowohl als einer Wirkung derselben, für bloße Ideale ohne alles ihm in der Erfahrung entsprechendes reelles Objekt eben so willkürlich annimmt; wie den Begriff vom Raume. Da er aber doch die Vorstellung selbst von so einer Kaussalität in uns nicht läugnen kann: so macht er aus dieser offenbaren Erfahrung des innern Sinnes wieder eine cognitionem a priori oder reine und blos ideale Verstandserkenntniß. Wir müssen denn es wohl merken, daß alle dergleichen ontologische Begriffe bezeichnende Worte (termini), wo sie immer auch bey dem Hrn. Matern Reuß vorkommen, nur Ideale, und nichts reelles, in = oder äußeres, bedeuten, das diesen Idealen als Objekt entspräche.

** Um die ganze Kraft dieser Bemerkung einzusehen, und den ganz besondern Sprachgebrauch des Kantischen Idealegoismus besser einzusehen, erinnere man sich, daß man bisher in aller menschlichen Sprache, und in jeder Logik, annahm, daß ein Zeichen sey, was durch die Vorstellung seiner
selb=

selbsten die Vorstellung einer andern Sache erwecket, und dann ferner, daß unsere Worte nur willkürliche Zeichen unserer Gedanken und Vorstellungen, diese unsere Vorstellungen aber natürliche Zeichen reeller denselben entsprechender Objekte, und dieß letztere zwar kraft einer Kaussalverbindung mit diesen in ihrer Entstehung sind: weil sie von diesen ihren Objekten entweder in ihrer Wirklichkeit als von ihren wirksamen Ursachen (wie die ersten Ideen von äußern Dingen) oder in ihrer Möglichkeit selbsten als von Materiellursachen (wie die Wahrnehmungen der ersten Ideen von diesen schon vorher vorhandenen Ideen) abhängen. Nach dem Hrn. Kant aber, und auch nach Hrn. Reuß, giebt es in uns Vorstellungen ohne alles Objekt; welche daher keine Art von natürlichen Zeichen mehr sind: weil sie kein reelles Objekt bey ihrem Entstehen oder Wirklichwerden, weder zur wirksamen, weder zur materiellen Ursache, mehr haben. Solche blos ideale Vorstellungen sind nach ihnen die Vorstellungen vom Raume und von Zeit beym äußern und innern Sinne; die Vorstellung des innern Sinnes von unserm Ich (oder unsrer Seele) und von dessen Wirksamkeit im Denken und Urtheilen; die Hr.

Kant aber eben darum nur Spontaneität des Verstandes nennt.

*** Deßwegen nimmt denn auch Hr. Matern Reuß (Logica pura §. 6.) schon als richtig und ausgemacht an, es könne schlechthin kein Objekt erkannt werden, außer es werde selbst zu einer Vorstellung (cognosci objectum non potest, nisi idipsum repræsentatio fiat). Wurde man nur sagen: kein Objekt möge unmittelbar erkannt werden, außer nur unsere im Gemüthe schon vorhandene passiven und aktiven Vorstellungen und Willenshandlungen; so gäbe es jedermann zu. Da man aber schlechthin alle mögliche Art auch von mittelbarer Vorstellung, nämlich als einer wirkenden Ursache, läugnet; so widerspricht die innerste Erfahrung von der eigenen Seele in allen Gedanken; und von den Vorstellungen der äußeren Dinge ist es wenigst nicht positiv erweislich (gewiß aus keiner positiven Erfahrung), daß sie nicht eben so natürliche Zeichen dieser von ihnen vorgestellten äußeren Dingen, als ihren wirksamen Ursachen, sind, als die Gedanken von der Seele. Es ist also wenigst eine bloße gänzlich unerweisliche Hypothese (welche der Anti-Kant sogar

sogar durch neue Bemerkungen über die Erfahrungen selbsten sowohl des äußern als innern Sinnes positiv der Falschheit überwiesen zu haben scheint), daß Raum, Zeit, unser Ich, und kauffale Wirksamkeit, nur Ideale ohne Objekt sind; und daß es Vorstellungen gebe, so keine natürliche Zeichen eines ihnen entsprechenden reellen Gegenstandes sind. Einmal wir müßten alle dergleichen unsrige Vorstellungen offenbar in ihrem Daseyn als selbstständige Dinge (entia a se) ohne Verbindung mit vorläufigen reellen und wirksamen Ursachen und Principien ansehen, und die Summe aller möglichen, eben darum auch schon wirklichen, Vorstellungen wäre der leibhafte Spinosismus von einem ente a se als Gott.

2) Der zweyte obige Kantische Satz kömmt in der Analytica des Hrn. Reuß in verschiedenen §§is vor; aber allezeit ohne allen, oder nur mit dem seichtesten Beweise. Also heißt es §. 12.:
a) Omnia objecta realia, quatenus ceu diversa a modificatione animæ nostræ per sensationem nobis dari possunt, *phænomena* dicimus.
b) Id in phœnomeno, quod causa sensationis est, illius *Materia* est. c) Varia illa, quæ in phœnomeno dantur, si seorsim & solitarie

litarie spectentur, nunquam phœnomenon constituent : necesse est ergo, ut simul spectentur, et certo modo sibi coordinentur ; d) per hoc ergo *formatur* phœnomenon, & *forma* phœnomeni est subjectiva conditio, per naturam mentis humanæ necessaria, quælibet sensibilia certa lege sibi coordinandi. e) *Forma nequit & ipsa esse phœnomenon.*

* Wir müssen hier zuerst bemerken, daß Hr. Reuß von beyden Empfindungsformen des Raums und der Zeit zugleich redet. Nun was den Satz a) betrifft, heißt er in der That soviel: Omnia objecta realia, quatenus ceu diversa a modificatione animæ nostræ repræsentatio fieri, atque mediante sensatione passiva, seu immediato intuitu, sic percipi possunt, ut tamen ratio existentiæ illorum non cognoscatur, *phœnomena* dicimus. Diese Objecta realia sind in der That die äusseren körperlichen Dinge für den äusseren, und die innere Substanz unserer eigenen Seele für den innern, Sinn. Wir empfinden sie beyde mittelst der sinnlichen Ideen und der Gedanken so, daß sie uns zwar in diesen erscheinen; aber ohne doch den Grund ihres Daseyns wahrzunehmen. Diesen wahren Sinn dieses Satzes a) muß man

man aus den §§. 6. 7. 8. 10. 77. 78., d. i. aus früher oder später kommenden Definitionen zusammenklauben; denn Ordnung der Sätze findt man bey Hrn. P. Reuß wohl nirgend. So verstanden ist dieser Satz a) ganz richtig. Nur ist die Voraussetzung sicher falsch, daß, wenn die blos passiven Repräsentationen äusserer Körper, mittelst eines Bewußtseyns zu **Wahrnehmungen** (perceptiones) oder gar zu **Erkenntnissen** (cognitiones) und zwar zu Anschauungen dieser äusserlichen Dinge als wirksamer Ursachen unserer Repräsentationen derselben (intuitus) werden (wie Hr. Reuß §. 10. alle diese Dinge definiret); doch auch diese Wahrnehmungen, Erkenntnissen, und Anschauungen alle von den äusseren Dingen als so fern wirksamen Ursachen, hervorgebracht werden; als dem die innere Sinneserfahrung widerspricht. Hr. Reuß definiret selbst in der Logica §. 1. die **Erkenntniß** (cognitio) durch ein **Bewußtseyn** (conscientia). Nun wer ein Bewußtseyn in sich für eine blosse passive Modifikation halten kann; der kennt sicher seine eigene Seele nicht. Schon das Wort **Anschauen** (intuitus) widerspricht so einem Sinne.

** Der

** Der Satz b) hat deutlicher gesagt diesen Sinn: quod in repræsentatione sensitiva productum est ab objectis per eam repræsentatis, *materia* illius est. Dieser Sinn erhellet klar aus dem erst lang hernach folgenden §. 78. und §. 80. der Analytik des Hrn. Reuß, wo die Begriffe einer caussæ und eines effectus erst bestimmet werden. Lassen wir es unterdessen dabey.

*** Der Satz c) ist zwar wahr: er giltet aber eben auch von den objectis repræsentatis realibus selbsten, als von den äusseren Körperelementen; welche einzeln genommen nie einen Körper ausmachen, noch als einzelne eines gewissen modi compositionis fähig sind; so wie auch keine Aenderungen in dieser Kompositionsform in ihnen ohne Zeitwechsel vorgehen können; wenn nicht viele derselben zugleich beysammen und in eine bestimmte Kompositionsform geordnet sind; dero Aenderungen wieder eine bestimmte Ordnung ihrer Aufeinanderfolge halten.

**** Nun folgt der Haupsatz d) als eine Folge des vorhergehenden. Man merke aber, daß ich eben beym Satze c) gezeigt habe: daß eine der Repräsentationsform entsprechende objek=

objektive Form im Daseyn der dadurch repräsentirten reellen Objekte eben so nothwendig sey. Gleichwie nun das Mannigfältige, was in der Repräsentation Materie ist, das repräsentiret, was in dem repräsentirten reellen Objekte Materie des Daseyns ist; und es deßwegen als ein natürliches Zeichen mit reeller Wahrheit repräsentiret, weil es eine Wirkung davon ist: warum soll nicht auch das, was in der Repräsentationform ist, auch die objektive Form des mannigfältigen Objektes repräsentiren, und sie eben auch deßwegen als ein natürliches Zeichen mit reeller Wahrheit repräsentiren können; weil sie ebenfalls eine Wirkung der reellen objektiven Form dieser objektiven Materie in ihrem Daseyn, und folglich ihrer gleichzeitigen Zusammenwirkungsart auf unsere Sinne, ist? Mit was Grund schließt also Hr. Reuß so sicher: Forma phœnomeni est *subjectiva* conditio, *per naturam mentis humanæ necessaria*, quælibet sensibilia certa lege sibi coordinandi. Wären Raum und Zeit nicht schon zwey objektive Formen des Mannigfältigen der objektiven Materie im wirklichen objektiven Daseyn desselbigen; zu was wäre es denn, um dieses Mannigfaltige, so, wie es objektiv da ist, zu re-

prä=

präsentiren, nöthig, daß selbes zugleich mit einer doppelten Form in der Repräsentation des äusseren Sinnes erschien; da ja in der Repräsentation des innern Sinnes eben auch das Mannigfaltige objektive unserer Seele, ja selbst die successiven zahlreichen Gedanken, nur in der einzigen Form der Zeit ohne die Form eines Raumes erscheinen, und doch schon dadurch wahrgenommen werden mögen? Heißt dieß nicht Folgen und Schlüße erzwingen, und willkürliche Sprünge im Folgeren machen? 2) Noch einmal. Warum kann unsre Seele (unser Ich) im innern Sinne ohne Form vom Raume und von Zeit erscheinen: da doch nach Hrn. Kant dieses unser Ich eine bloße ideale Form aller Gedanken, aber bey der Mannigfaltigkeit dieser unserer Gedanken eben so vervielfältiget ist, wie diese Gedanken selbsten, und nur eine logische Einheit hat? Kann einmal was wirklich Mannigfaltiges ohne alle Form des Raumes und einer Zeit in der innern Sinnlichkeit erscheinen; so ist es gewiß nicht die innere Natur dieser Sinnlichkeit, welche diese Formen in ihren Erscheinungen nothwendig machet. 3) Warum ist für die Erscheinungen des Mannigfaltigen im innern Sinne nur eine Form der Zeit, und warum sind im äussern Sinne

zwey

zwey Formen, nämlich der Zeit und des Raumes, kraft der Natur unsrer Seele nö=
thig?

Ferner kommen die Theile des obigen zwey=
ten Kantischen Hauptsatzes in der Analytica des
Hrn. Reuß noch vor §§. 41. 43. Aber auch da
ließt man mehr nicht als Machtsprüche: nämlich
(§. 41.) Ad habendam repræsentationem spatii empirici concurrunt objecta ipsa, & facultas nostra cognoscendi (so fern ist alles wahr.
Denn die objecta externa sind ihre caussa efficiens, und die Seele ist subjectum & caussa materialis, mit welcher die facultas cognoscendi als corre-
lativum, nicht aber als relatio, wie Hr. Reuß
will, eines ist; wenigst wenn man die Seele als
ein wahres substantielles Subjekt der Repräsen=
tation ansieht, das aber freylich Hr. Kant nicht
zuläßt): sejunctis ergo & eo, quod sensationi correspondet, & omni eo, quod empiri-
cum est, id solum restat, quod spatium pu-
rum vocamus, — — id est, forma sensatio-
num externarum, qua objectorum extra sese
positio (in mente) primum possibilis fit. Und
dieß letzte ist gewiß falsch. Denn wenn man
alles wegnimmt, quod sensationi correspondet,
oder (wie es §. 39. bey Hrn. Reuß heißt) quod
intuitu datur per impressionem ab objecto ex-
terno

terno factam, quod causa sensationis (efficiens) est; so bleibt so wenig eine **passive Repräsentation** (Anschauung, intuitus, wie sie bey Hrn. Kant und Hrn. Reuß heißt) von einem spatio sensatione repræsentato, oder forma repræsentationis sensitivæ externæ, als eine Materia sensitive repræsentata derselben, übrig; weil, wie die Materia sensitivæ repræsentationis von der Materia objectiva, also auch die Forma repræsentationis sensitivæ von der Forma objectiva (Zusammenwirkungsart) des auch äußerlich nicht ohne Form vorhandenen Mannigfältigen des Objekts, und nicht von einer blossen Receptivität der Seele, als caussa mere materiali ad omnem formam individuam repræsentationis sensitivæ indifferente, entspringt. Wenigst ist das Gegentheil schlechthin unerweislich, und weder vom Kant, noch vom Hrn. Reuß irgend erwiesen. Offenbar betrügt sich Hr. Reuß auch in seinem Begriffe von der Abstraktion (§§. 13. 14. Anal.). Denn wir abstrahiren die Formam sensationis externæ unmittelbar an sich so wenig als die Materiam ejusdem an sich selbsten; da wir eine davon ohne die andere wahrnehmen und bemerken (percipimus); sondern wir sonderen nur die Theile unsrer ersten zusammengesetzten **Wahrnehmung** der ganzen Sensation (unsers **Bewußtseyns**,

son-

conscientiæ compositæ) von einander ab. In diesem **Wahrnehmen** aber, welches von der Attention abhängt, verhalten wir uns offenbar nicht mehr blos receptiv (passiv), sondern thätig; wie es uns selbst unsre innerste Erfahrung bezeuget. Hr. Reuß mag nun eine abstractionem alicujus ab aliquo, oder de aliquo (§. 14. Analyt.), als verschieden annehmen, oder erdichten; so ist doch gewiß, daß wir durch keine Art der Abstraktion die blos passive (receptive) Sensation, das ist, die äussere Repräsentation selbsten, sondern nur unsre Wahrnehmung alles dessen, was in derselben zugleich vorkömmt, so durch Abstraktion zertheilen können; daß wir jetzt uns allein der Form, jetzt allein der Materie derselben, bewußt sind. Hr. Reuß läugnet gegen die innerste Erfahrung (§. 16. lit. d. Analyt.), daß diese præcisio formæ a materia sensitivæ repræsentationis eine **Zertheilung der Wahrnehmung** sey, mit der wir das wahrnehmen, was in uns von aussenher (receptiv) entsteht. Denn diese abstracta (de oder ab materia) repræsentatio formæ ist keine sensitiva repræsentatio mehr, sondern eine phantastica; welche den Grund von dem Gedächtnisse ausmacht; mittelst welcher wir uns auch hernach noch jetzt an die Materiam, jetzt allein an die Formam, sensitivæ repræsentationis *jam olim*

per-

perceptæ erinnern können. Und da nun nur die thätige Wahrnehmung der paſſiven Repräſentation, ihrer Materie und ihrer Form, allein das iſt, was die Seele wirkſam von ſich ſelbſten zur Erkenntniß derſelben beyträgt; ſo iſt die obreptio in der Erklärung aller reinen Erkenntnißart, wie ſie Kant und mit ihm Hr. Reuß §. 13. Analyt. giebt, gewiß recht handgreiflich. Wenn Hr. Reuß, und jeder Kantianer, den §. 109. des Anti = Kants I. Th. was reifers läſe und überlegte, würden ſie bald merken, daß ſie nach Leibnitz, Wolf, und Baumgarten, ſich ſchon in der Pſychologia Empirica über den wahren Begriff von der Phantaſie, und ſo auch der Abſtraktion, geirret haben; und dieſe Begriffe, wie ſie Hr. Reuß §§. 58. 59. Log. und §§. 7. 14. giebt, ſind ſicher die ächten nicht.

Und doch aus ſo gar ſeichten Gründen höre man, wie der Hr. Reuß, und alle Kantianer mit ihm, ſchließen. a) Inde ulterius ſequitur (heißt es gleich nach dem obigen §. 41. Analyt. §. 43. ibid.), ſpatium non eſſe *objectum reale* extra noſtram repræſentationem exiſtens; non eſſe ſubſtantiam, neque accidens, neque relationem rerum, ſed eſſe mere ſubjectivum (i. e. formam repræſentationis objecti). b) Quo tamen non aſſerimus, non dari rationem

ſpatii

spatii (objectivi realis extra nos) ab hujus repræsentatione diversam ; sed hoc tantum affirmamus, rationem hanc (spatii objectivi realis) nondum esse inventam, neque unquam a nobis inveniri posse: c) quia per legem facultatis nostræ cognoscendi necessarium est, ut ad explicandum id, quod extra nos est, aliud, quod itidem extra nos est, nobis repræsentemus, sicque spatium per ipsum spatium in continuo circulo explicaretur.

* Hier merke man *ad lit. a*) erstens: wie offenbar es sey, daß wir um kein Haar mehr und weniger Erfahrung haben, daß die Materia, als die Forma repræsentationis sensitivæ pure receptivæ (passivæ), oder umgekehrt, ab impressione objecti externi ejusque forma externa in uns entspringe; und daß die repræsentatio abstracta formæ repræsentationis externæ de oder ab materia ejusdem nichtsweniger als eine bloße passiva oder sensitiva repræsentatio (oder ein purus intuitus sensitivus externus immediatus nach Kantischer Redart) mehr sey: folglich wie ungegründet und seicht der Schluß sey; auf welchen bloß allein nun das ganze Kantische Systemgebäude beruhet. Zweytens: Daß Hr. Kant noch darüber behaupte,

wir

wir empfinden von der Materie der Repräsentation der äußerlichen Objekte alles Mannigfaltige so dunkel, daß wir gar nichts davon reelles durch Wahrnehmung unterscheiden können; ja auch kein Mittel haben, was bestimmtes reelles davon zu unterscheiden. Woher weiß denn ein Kantianer, daß der so unbekannten Materie der Repräsentation eine objektive reelle Materie äußerlich als caussa efficiens entspricht? Die Form der Repräsentation stellt uns ja doch eben sowohl eine objektive Form vor, wie ihre Materie eine objektive Materie? Allein sie lassen auch dieß gern zu, daß es noch ein unauflösliches Problem sey; ob ausser uns (d. i. außer unsern Erscheinungen und deren vollständiger Summe) noch was von einer Materie existire, oder nicht? d. i. (wenn man es kurz sagen will) ob nicht die Summe unserer Erscheinungen mit nur formellem Zeitwechsel und gleicher blos idealer Ausdehnung das alleinig existirende selbstständige Wesen (der Gott des Spinosa) sey?.

** *Ad lit. b)* merke man, daß Hr. Kant in den Antinomien seiner Kritik der Vernunft glaubt erwiesen zu haben, daß eine Körperwelt mit reeller Ausdehnung, oder dergleichen

Zeit=

Zeitwechsel, sich allezeit selbst widerspreche; man möge sie sich mit oder ohne Gränzen ihrer Ausdehnung und Zeitdauer vorstellen. Hr. Reuß hält also auch hier ganz mit Hrn. Kant.

*** *Ad lit.* c) Hier nimmt Hr. Reuß eben auch klar des Hrn. Kant Grundsätze von der **blos regulativen, nicht konstitutiven, Denkart unserer Vernunft** an; welche aus ihrem Wesen in dem besteht, daß sie ohne allen objektiven Grund, blos um sich selbst über die Eingeschränktheit ihrer Erfahrungskenntnissen zu befriedigen, und diese sich weiters selbst zu erklären, durch blosse Begriffe a priori, und leere Ideale, zuerst zwar eine eigene fortdauernde Substanz ihrer Seele, als die wirksame Ursache unserer Erfahrungen des innern, dann eine äußere Körperwelt als die wirksame Ursache unserer Erfahrungen des äußern Sinnes, und endlich vor diesen allen auch ein mittelbares, allgemeines, letztes, wirkendes und selbstständiges Principium, oder einen Gott, vorstelle.

**** Herr

**** Herr Reuß (§. 16. Analyt.) will zwar nicht zugeben, daß man diese Kantischen Sinnes- und Vernunftformen und Ideale ideas innatas heißen solle oder könne (obschon Kant selbst es ausdrücklich in seinen Prolegomenen §. 129. zugiebt). Er definiret aber die conceptus puros innatos, als wären sie enti cognoscenti in ortu suo a causa extranea dati, und behauptet die Kantischen wären ab ente cognoscente primum producti. Wohl! Hr. Reuß will also; sie sind weder adventitiæ, noch innatæ, sondern factitiæ; aber weder per abstractionem, noch per synthesin (vide in Logica Stattleri §. 111.); sondern per legem facultatis nostræ cognoscendi necessariam productæ. Nun hat niemand unter denen vor Alters, welche ideas innatas behaupteten, geläugnet; daß, bey deren Wirklichmachung und Erweckung bis zu einem Wahrnehmen und Bewußtseyn, die Seele sich doch noch thätig verhalte. Alle glaubten nur die Anlage zu derselben Erweckung sey in einem nothwendigen Gesetze des natürlichen Erkenntnißvermögens enthalten. Ich frage aber: ist die forma spatii & temporis in unsern Erscheinungen des äußern und innern Sinnes auch ab ente cognoscente producta? oder hat sich die Seele auch

im

im Bezuge auf diese Formen auch blos passive (receptiv) wie im Bezuge auf die Materie der Erscheinungen? Verhält sie sich als producens oder als caussa efficiens: so sind die reinen Vorstellungen dieser Formen keine blosse Anschauungen mehr (intuitus, wie sie Kant nennet); welche zur blos receptiven Sinnlichkeit gehören. Und wo zeugt unsre Erfahrung von einem mehr wirksamen Verhalten der Seele zur Form als zur Materie? Verhält sie sich aber gegen diese Formen der Sinnlichkeit eben so blos receptiv und passiv, wie zu der Materie der sinnlichen Repräsentationen; so ist ihr Verhältniß zu beyden ganz gleich; und wie sie zur Materie der sinnlichen Repräsentation nur sich als ein Subjekt verhält; eben so ist sie auch ein blosses Subjekt der Form. Sie macht nämlich als ein zum Recipiren beyder gleich fähiges Subjekt blos die ganze Modifikation der Repräsentation sowohl ihrer Form als Materie nach möglich; und ist also von beyden auf gleiche Art caussa materialis, und von keiner caussa efficiens. Wie kann denn also (nach §. 13. Anal. des Hrn. Reuß) dadurch eine reine Anschauung blos von der Form, und nicht eben so auch von der Materie, der sinnlichen Repräsentation entstehen;

si per facultatem abstrahendi id, quod facultas nostra cognoscendi ex se ipsa ad habendam cognitionem contulit, ab eo separemus & solum cogitemus (heißt cogitare nicht thätig wahrnehmen?), quod aliunde datum est: da ja auch bey der Materie die materielle Kaussalität des Subjekts von der wirksamen Kaussalität der äusseren Objekte gerade eben so, wie bey der Form der Repräsentation, und umgekehrt, kann abstrahiret, oder separatim wahrgenommen werden? Hier weiß ich für Hrn. Kant und Hrn. Reuß keine Auskunft mehr; als daß sie beyde sich entschlüssen die Subjektivität der Seele selbsten als Form des Raums und der Zeit anzunehmen, in welche nur die Materie der sinnlichen Repräsentationen recipiret werden. Jetzt weiß ich aber nicht, ob sie auch diese Subjektivität von Raum, Zeit, und einem Ich der Seele, nicht für was der Seele wesentliches, und also Angebohrnes, gelten lassen wollen. Denn hoffentlich wird sie nicht erst von der Seele neu erschaffen (ab ente producta) seyn. Nugæ nugarum; oder ein Spinosismus.

Nun zum Beschlusse bitte ich jeden vernünftigen Leser, eines Theils die ungereimtesten Sätze des Kantischen Systems, die ich oben erzählet habe, andern Theils aber die seichten Gründe zu überlegen, mit welchen man sie der blödsinnigen Jugend, als Hauptwahrheiten der tiefsinnigsten Philosophie, einzuprägen sich hier, mit einer gewiß sauern Mühe auf Seite des Lehrers und der Schüler, bestrebet. Ich geschweige die von aller richtigen Ordnung leere Lehrmethode der Logicæ universalis und Analyticæ des Hrn. P. Reuß. Denn wer diese nur durchgeht, wird bald merken, daß er, um seine Lógicam verständlich zu machen, vielmehr seine ganze Analyticam vor derselben hätte voraussetzen sollen. Nie weiß man, was bey ihm das genus summum und was die species subalternæ im ganzen Gewirre von cognitio, conceptus, repræsentatio, sensatio &c. sey: wenigst findt man es in der Ordnung der §§. nirgend. In der Analytica selbsten aber ist das meiste vorangesetzte auf keine Art aus sich selbsten oder aus andern vorhergehenden Sätzen, sondern erst aus dem lang hernach kommenden verständlich. Und nun welche Logik, oder richtige Denkart, wird aus diesem Wirrwarr aller umgekehrten Kantischen Logik und Metaphysik bey unsern jungen Philosophen entstehen? Werden sie nicht mittelst

so

so einer Lehrart und Grundlehre recht vortrefflich zur heutigen neumodischen Freydenkerey und zu allem Unglauben vorbereitet, und geradezu angewiesen? Himmel! wie blind arbeitet man, durch bloßen Schein eines schärfern Witzes und tiefsinnigern Scharfsinnes betrogen, mit allen Kräften für die Absicht der größten Feinde der Religion und des Staates.